Inglaterra - Portugal - Angola

O.B.S. Editorial, uma Editora para todos! 16 windermere road Farnworth, BL4 0QH Bolton, **Manchester - United Kingdom**

Obra disponível para venda corporativa e/ou personalizada. Para mais informações contacte: **ferreiraosvaldo927@gmail.com**

Para informações sobre trabalhos editoriais e envio de originais contacte: **ferreiraosvaldo9272@gmail.com**

© 2024, **Osvaldo Sebastião** e **O.B.S. Editorial**

Título: Eu Sou pior do que você imagina

Editor e Coordenador Editorial: Osvaldo Sebastião

Capa: Geovani Almeida

Composição Gráfica: Grã-Bretanha print.

Revisão: Osvaldo Sebastião

1.ª Edição: xx xxx, 2024

ISBN: 9798336394207 | **Depósito Legal n.º** XXXXXXX

Impressão e acabamento: Grã-Bretanha print.

Autor do livro

Entrevistando Jesus, o filho de Deus

OSVALDO SEBASTIÃO

EU SOU **PIOR** DO QUE

VOCÊ IMAGINA

O mistério além das aparências

ÍNDICE

INTRODUÇÃO

Quantas vezes olhamos para o espelho e nos deparamos com um reflexo desconhecido de nós mesmos? Quantas vezes escondemos nossos verdadeiros pensamentos, medos e desejos mais profundos? Vivemos em uma sociedade que nos ensina a colocar uma máscara, a construir uma fachada perfeita, mas será que somos realmente quem mostramos ser? Este livro é um convite corajoso para mergulhar nas profundezas do nosso eu interior, para enfrentar o lado sombrio que tanto tentamos esconder. Aqui, não vamos nos contentar com as aparências, com as palavras doces e os sorrisos ensaiados. Vamos explorar as camadas mais obscuras de nossa personalidade. A verdade é que todos nós carregamos dentro de nós um lado malvado, um lado que está disposto a manipular, a ferir e a controlar para satisfazer nossos próprios interesses*(Mateus 19:21-23)*.

A ideia de que somos seres perfeitos e angelicais é uma ilusão que nos aprisiona, essa ideia em nossas mentes, muitas vezes nos motiva a criar desculpas inúteis para a auto justificação dos nossos erros, impedindo-nos de acatar com as nossas responsabilidades afetando consequentemente a nós mesmos (tornando-nos pessoas sem caráter e arrogantes). Inúmeras vezes reagimos de uma maneira ridícula, estimulando um testemunho falso para aqueles que nos observam. Neste livro, iremos romper com essa falsa imagem, vamos criar um espaço de confissão interior, um lugar seguro onde podemos admitir nossas falhas, nossos erros e nossas fraquezas sem julgamentos. Aqui, a honestidade é a chave para a libertação. Ao enfrentar nossa própria maldade, encontraremos uma nova forma de estabilidade emocional. Ao reconhecermos nossos defeitos, abrimos caminho para o crescimento pessoal e para a construção de relacionamentos mais autênticos e sinceros. Não precisaremos mais viver na prisão de nossas próprias máscaras, pois a verdade nos libertará(João 8:32).

Este livro é um convite para a autenticidade, para sermos quem realmente somos, com todas as nossas imperfeições. Ao reconhecermos nossa própria maldade, teremos a coragem de enfrentá-la e transformá-la em algo positivo. Seremos capazes de superar as dependências de aprovações externas e encontrar a verdadeira confiança em nós mesmos. Este não é um livro fácil. Ele desafia nossas concepções preestabelecidas e nos convida a enfrentar nossos demônios internos. Mas é nessa jornada que encontraremos a verdadeira essência do ser humano e descobriremos que, apesar de nossas imperfeições, somos capazes de amor, compaixão e redenção. Portanto, prepare-se para encarar o desafio de se confrontar com o seu verdadeiro eu. Abra-se para a possibilidade de se libertar das amarras que o prendem e descubra uma nova perspectiva de si mesmo. Você é pior do que imagina, mas também é mais poderoso do que jamais ousou acreditar. Seja bem-vindo a essa jornada de autodescoberta. Estou aqui para acompanhá-lo nessa busca pela verdade interior. Juntos, exploraremos os recantos mais sombrios de nossa existência e encontraremos a luz que brilha em meio às trevas. Certo de que está pronto para desafiar as expectativas, encarar suas próprias imperfeições e abraçar a verdade que reside dentro de você? Então, vamos adiante. Nas próximas páginas, exploraremos os padrões de comportamento que nos levam a esconder nosso verdadeiro eu e a criar dependências nas opiniões e aprovação dos outros. Vamos investigar como a busca incessante por agradar a todos pode nos aprisionar em um ciclo vicioso de insatisfação e autossabotagem, com base em estudos psicológicos, experiências pessoais e reflexões profundas, apresentarei ferramentas práticas para romper com esse padrão autodestrutivo. Vamos aprender a enfrentar nossos medos, lidar com nossas sombras e reconstruir uma base sólida de confiança interna. Prepare-se para se confrontar com suas próprias verdades desconfortáveis. Esteja disposto a reconhecer seus erros, perdoar-se e encontrar um caminho de cura e crescimento. Através da confissão interior, você descobrirá a força e a coragem para se reinventar, para abraçar a totalidade de quem você é, com todas as suas imperfeições. Lembre-se, o objetivo deste livro não é envergonhá-lo ou fazê-lo sentir-se inadequado. Pelo contrário, quero oferecer um espaço de aceitação e empoderamento. Quero ajudá-lo a desvendar as camadas que o impedem de brilhar plenamente, para que você possa viver uma vida autêntica e significativa. Agora, respire fundo, abra seu coração e mergulhe nessa jornada de autoconhecimento. Prepare-se para desafiar suas crenças, confrontar seus demônios e emergir como uma versão mais autêntica e plena de si mesmo e conversar com os anjos de amor em sua mente. Vamos começar essa jornada rumo à sua verdadeira essência.

ALÉM DAS APARÊNCIAS

Eu: Por que eu sempre me sinto tão perdido, tão desconectado de mim mesmo?

Consciência: Porque você permite que os pensamentos negativos te dominem. Você se agarra a eles como se fossem sua única realidade.

Eu: Mas por que não consigo me livrar deles? Por que continuo afundando cada vez mais?

Consciência: Porque você ainda não percebeu que é mais forte do que esses pensamentos. Você é a luz que pode dissipar a escuridão, se apenas acreditasse em si mesmo.

Eu: Mas como? Como posso encontrar essa luz dentro de mim?

Consciência: Comece por aceitar que você é amado, que você é digno de amor e felicidade. Deixe de lado a ideia de que há algo de errado com você. Você é perfeito exatamente como é.

Eu: Eu gostaria de acreditar nisso, mas é tão difícil quando parece que todos ao meu redor estão progredindo e eu estou apenas afundando mais fundo.

Consciência: Não se compare aos outros. Cada um tem sua própria jornada e seus próprios desafios. Você não está sozinho em sua luta. Confie em mim, você é mais forte do que pensa.

Eu: Eu gostaria de acreditar em você, mas

parece tão difícil às vezes.

Minha Consciência: Eu sei que pode parecer difícil agora, mas tenha fé. A luz está dentro de você, esperando para brilhar mais uma vez. Tudo o que você precisa fazer é abrir seu coração e deixar a luz manifestar. Estou aqui para te guiar, se apenas você estiver disposto a seguir...

Nas estradas da vida, às vezes nos perdemos em meio às coisas que parecem ser verdadeiras, mas não são. Vivemos em um mundo onde o que vemos nem sempre é o que realmente é. É como se estivéssemos usando óculos que nos fazem enxergar apenas o superficial, mas há muito mais por trás das aparências do que imaginamos. Às vezes, nos escondemos atrás de máscaras, tentando parecer fortes e confiantes, mas por dentro estamos cheios de medos e incertezas. Escondemos nossas verdadeiras emoções, nossas falhas e nossas dores, com medo de que os outros nos vejam como realmente somos, no entanto, a verdade é que não precisamos ter medo de ser quem somos. Durante muito tempo, nunca parei para refletir sobre quem eu realmente era. Achava que me conhecia bem, mas a verdade é que estava completamente enganado. Comecei a perceber que era pior do que imaginava quando comecei a notar os pensamentos maus que frequentavam a minha mente. Sentia um descontentamento constante com as coisas ao meu redor, mas ao invés de confrontar esses sentimentos, acabei por me sujeitar a certas situações e comportamentos que iam contra o que realmente acreditava, fui ensinado a esconder o que pensava, a mascarar os meus sentimentos mais profundos por medo do julgamento dos outros. Mas ao fazer isso, fui gradualmente perdendo o contato com a minha própria identidade. Tornei-me um estranho para mim mesmo, incapaz de me reconhecer no espelho da minha própria alma, aos poucos, percebi que havia construído uma máscara para enfrentar o mundo, uma máscara que escondia a minha verdadeira essência. Não conseguia revelar aos outros quem eu realmente era, porque nem eu mesmo sabia ao certo. Essa desconexão com a minha verdadeira identidade deixou-me perdido e confuso, sem saber qual era o meu lugar no mundo. Foi um despertar doloroso, mas também libertador. Ao reconhecer que era pior do que imaginava, dei o primeiro passo para me reencontrar. Comecei a explorar os cantos mais obscuros da minha alma, a confrontar os meus medos e inseguranças. Eu me sentia constantemente puxado por pensamentos maus, mesmo sabendo que Deus me amava. Era como se uma sombra escura pairava sobre mim, obscurecendo qualquer luz de esperança que tentasse entrar na minha vida. Mesmo cercado pelo amor divino, parecia que eu estava preso em um ciclo interminável de negatividade e desespero. Às vezes, chegava a pensar que tinha um problema pior do que os outros. Enquanto via as pessoas ao meu redor progredindo e encontrando alegria em suas vidas, eu permanecia estagnado, afundando cada vez mais em um abismo de autocondenação e auto dúvida. Parecia que eu estava destinado a lutar sozinho, enquanto o resto do mundo seguia em frente sem mim. Esses pensamentos me consumiam, deixando-me cada vez mais isolado e desesperançoso. Mas, no meio de toda essa escuridão, havia uma pequena centelha de fé que continuava a brilhar dentro de mim. Era essa centelha de esperança que me impelia a continuar, mesmo nos momentos mais sombrios. É incrível como nos acostumamos a esconder quem realmente somos. Desde tenra idade, somos ensinados a mascarar nossos verdadeiros pensamentos e sentimentos, a apresentar ao mundo uma imagem cuidadosamente construída que muitas vezes não reflete a nossa verdadeira essência, essa prática de esconder nossa verdadeira identidade torna-se tão arraigada em nós que, ao nos tornarmos adultos, muitos de nós nem percebem mais que estão fazendo isso. Nos acostumamos a usar máscaras sociais, a apresentar um rosto sorridente mesmo quando estamos tristes por dentro, a dizer "estou bem" quando na verdade estamos lutando contra nossas próprias batalhas internas, essa cultura de falsidade não só nos afasta de quem realmente somos, mas também cria barreiras entre nós e os outros. Quando nos recusamos a ser autênticos, estamos construindo muros que nos separam da verdadeira conexão humana. Em vez de compartilhar nossas alegrias, dores, medos e sonhos uns com os outros, nos isolamos atrás de uma fachada de perfeição aparente, o mais preocupante é que muitos de nós perpetuamos esse comportamento ao ensinar aos nossos filhos a importância de "manter as aparências". Em vez de encorajá-los a serem autênticos e verdadeiros consigo mesmos, os instruímos a se encaixarem em moldes pré-determinados pela sociedade, a se conformarem às expectativas dos outros, mesmo que isso signifique sacrificar sua própria autenticidade. Mas e se, em vez disso, ensinarmos aos nossos filhos o valor da verdadeira honestidade e vulnerabilidade? E se os encorajássemos a abraçar suas imperfeições, a aceitar quem são com todas as suas falhas e virtudes? Talvez, ao fazer isso, possamos começar a quebrar o ciclo de falsidade e criar um mundo onde a autenticidade seja verdadeiramente valorizada, porque, no final das contas, é quando nos permitimos ser verdadeiramente nós mesmos que encontramos a verdadeira liberdade e conexão com os outros. Essa falta de autenticidade tem consequências profundas em nossas vidas. Muitos de nós crescem sem realmente nos conhecermos, seguindo um roteiro pré-determinado que não reflete nossos verdadeiros desejos e paixões. Em vez de perseguirmos nossos sonhos, acabamos por seguir os sonhos de nossos pais, ou pior ainda, os sonhos que o sistema incutiu em nossas mentes desde tenra idade. Conheço pessoas que cresceram sob o peso das expectativas de seus pais, forçadas a seguir carreiras que não as satisfaziam verdadeiramente, mas que eram consideradas socialmente aceitáveis ou financeiramente lucrativas. Elas foram privadas da oportunidade de explorar suas próprias paixões e interesses, e em vez disso, foram empurradas para um molde que não se encaixava nelas. Essa falta de autenticidade pode levar a uma vida de arrependimento e insatisfação. Pessoas que passam décadas em empregos que detestam, apenas para agradar aos outros, ou que se encontram presas em relacionamentos infelizes porque nunca tiveram coragem de serem verdadeiras consigo mesmas. O pior é que muitas vezes é tarde demais quando finalmente percebem que desperdiçaram suas vidas seguindo um caminho que não era delas.

É hora de romper com esse ciclo de falsidade e começar a valorizar a autenticidade e a verdadeira expressão de quem somos, principalmente em Deus. Devemos ensinar nossos filhos a abraçar suas singularidades e a seguir seus próprios sonhos, sonhos que Deus colocou dentro deles antes da fundação do mundo.

Os adultos frequentemente sacrificam seu caráter em prol de seus próprios interesses egoístas. Eles traem a confiança dos outros, manipulam e enganam para obter vantagem pessoal e agem de forma desonesta e injusta sempre que isso serve aos seus propósitos. Eles colocam uma máscara de respeitabilidade e decoro para esconder suas verdadeiras cores, escondendo-se atrás de uma fachada de falsa virtude enquanto conspiram e tramam nos bastidores. Essa falsidade não é apenas prejudicial para aqueles que a praticam, mas também para aqueles que são afetados por ela. Crianças crescem em um mundo onde a hipocrisia é normalizada, aprendendo desde cedo que é mais importante parecer do que ser. Elas testemunham adultos que sacrificam sua integridade moral em troca de sucesso material ou status social, e internalizam a mensagem de que o engano e a manipulação são ferramentas aceitáveis para se conseguir o que se quer na vida. Devemos confrontar a hipocrisia onde quer que a encontremos, desafiando aqueles que se escondem atrás de máscaras de falsidade e exigindo responsabilidade por suas ações. Somente então poderemos criar uma sociedade baseada em princípios de justiça.

Para a nova geração, eu digo com firmeza: não permitam que a falsidade se torne a norma em suas vidas. Não sejam seduzidos pela ilusão de que é aceitável sacrificar sua integridade em nome do sucesso ou da aceitação social. Vocês têm o poder e a responsabilidade de romper com o ciclo de hipocrisia que tem corroído nossa sociedade por tanto tempo, não se deixem enganar pelas aparências ou pelas promessas vazias daqueles que colocam seus próprios interesses acima de tudo. Não sigam cegamente os passos daqueles que sacrificaram sua moralidade em busca de poder ou riqueza. Em vez disso, escolham o caminho da honestidade, da autenticidade e da dignidade, sejam corajosos o suficiente para se levantar contra a injustiça e a corrupção, mesmo que isso signifique ir contra a corrente. Não se calem diante das mentiras e da manipulação, mas ergam suas vozes em defesa da verdade e da justiça. Lembrem-se de que a verdadeira grandeza não está em acumular riquezas ou poder, mas em viver de acordo com seus princípios e valores mais profundos. A nova geração tem o potencial de moldar um mundo melhor, livre da hipocrisia e da falsidade que têm dominado o passado. Sejam líderes em sua busca por uma sociedade mais justa e compassiva, onde a honestidade e a integridade sejam valorizadas acima de tudo. Não permitam que a falsidade os corrompa ou os desvie do caminho da retidão. Sejam verdadeiros consigo mesmos e com os outros, e assim deixem um legado de dignidade e respeito para as gerações futuras. É triste testemunhar como o amor e a empatia estão se tornando escassos em uma sociedade cada vez mais focada no individualismo e na competição. As pessoas estão se fechando em suas bolhas, priorizando seus próprios interesses em detrimento do bem-estar dos outros. Esse egoísmo é alimentado pela cultura do consumo desenfreado e pela constante busca por gratificação instantânea. Jesus, em suas palavras proféticas, alertou sobre esse cenário ao dizer que o amor de muitos se esfriaria. Ele viu através dos tempos e percebeu como o egoísmo e a falta de compaixão se espalhariam. No entanto, também nos ofereceu um caminho para resistir a essa tendência: amar uns aos outros como a nós mesmos e praticar a empatia e a bondade em todas as nossas interações.

A FORÇA DENTRO DE VOCÊ

Eu: Sabe, às vezes me sinto tão vazio, mesmo com todas as conquistas que alcancei na vida. É como se algo estivesse faltando, sabe?

Consciência: Sim, entendo como se sente. Muitas vezes, buscamos preencher esse vazio com coisas materiais, mas nunca parece ser o suficiente, não é mesmo?

Eu: Exato! Essa sensação de desconexão persiste. Parece que estou preso nesse ciclo sem fim.

Consciência: É o que chamamos de

"depressão do sucesso". É como se estivéssemos correndo em círculos, procurando algo que nunca encontramos.

Eu: É desgastante. Às vezes, penso em recorrer a vícios, como uma forma de escapar desse vazio.

Consciência: Mas isso seria apenas uma solução temporária, não acha? O verdadeiro caminho para a plenitude está dentro de você, na sua essência espiritual.

Eu: Como assim?

Consciência: Através do autoconhecimento, você pode transcender a superficialidade da sua personalidade e se conectar com sua verdadeira essência. Quando se compreende quem realmente é, pode encontrar paz e felicidade genuína.

Eu: Isso faz sentido. Talvez seja hora de parar de buscar fora o que está dentro de mim o tempo todo.

Consciência: Exatamente. Amar a si mesmo é o primeiro passo para amar verdadeiramente os outros e encontrar a plenitude na vida.

Temos medo de ficar sozinhos e buscamos distrações, como festas, compras, TV ou livros sem graça, porque perdemos a prática de nos conectar conosco. Evitamos o silêncio e a solidão, pois esquecemos como é ficar sozinhos. Fugimos da verdade sobre quem realmente somos. Como recuperar essa sensação de ser único que tínhamos quando crianças? Cada um de nós é especial, e é essa verdadeira essência que nos torna únicos. Podemos buscar essa liberdade interior, no processo chamado nirvana, questionando-nos e refletindo sobre nós mesmos. É importante nos sentarmos sozinhos e pensarmos sobre quem somos e qual é nosso propósito aqui. Não é uma coisa superficial; é uma busca profunda dentro de nós mesmos. Precisamos questionar nossa verdadeira essência, deixando de lado rótulos e aparências. Pode ser doloroso encarar a verdade sobre nossa solidão, mas é só enfrentando essa dor várias vezes que conseguimos renascer, como a semente que precisa se abrir para dar origem a uma árvore.

A verdade é algo extremamente arriscado. Embora nos leve a crescer internamente, pode colocar em risco nossa posição no mundo exterior. Um exemplo: Quando falamos a verdade, ganhamos respeito, mas também enfrentamos desafios com amigos, familiares, chefes e colegas. Poucos estão dispostos a encarar a verdade; muitos se sentem ameaçados por ela. Quanto mais você, que procura a verdade por dentro. Isso é algo que precisamos examinar minuciosamente. Assim como testamos a pureza do ouro com ácido, testamos a pureza da verdade com análise lógica. Quando submetemos a verdade ao escrutínio da lógica, esta falha, deixando apenas a verdade evidente, a verdade suprema prevalece sobre todos os testes lógicos.

Uma verdade que precisa ser revelada, é que a nossa personalidade é moldada pela sociedade. Quando estamos sozinhos, sentimos uma espécie de vazio e lutamos contra isso. Ao projetarmos nossa personalidade, estamos nos preparando para enfrentar a solidão. Mas essa personalidade que mostramos ao mundo não é algo intrínseco; é apenas uma construção social, formada pelo que os outros pensam de nós, pelo que aprendemos e pelos confortos que acumulamos ao longo da vida.

A personalidade prospera com atenção, seja ela positiva ou negativa. Buscamos constantemente por essa atenção em nossos papéis sociais, em nossas ações e até mesmo em nossas exigências. No entanto, chega um momento em que nos vemos sozinhos, sem ninguém para nos elogiar ou criticar, e é nesse momento que nosso ego e nossa personalidade são abalados. É nesse momento de solidão que percebemos que somos muito mais do que aquilo que mostramos ao mundo. Descobrimos que somos mais do que nossos papéis sociais, mais do que nossas profissões e nacionalidades. Tudo isso se reduz a partes de nosso ser integral. Essa sensação de solidão e desconforto nos leva a buscar distrações, como festas, compras ou televisão. Mesmo os mais velhos, mesmo tendo famílias e amigos, podem sentir essa necessidade de fugir da solidão. Isso acontece porque temos medo de ficar sozinhos, não sabemos como lidar com nossa própria companhia. Acreditamos que seremos felizes quando alcançarmos certos marcos na vida, como aos quarenta anos, quando já temos tudo o que queremos. No entanto, mesmo tendo conquistado essas coisas, continuamos infelizes, sem compreender o motivo de termos desejado tudo aquilo. Acorde! Fique atento! Não estamos vivendo plenamente, estamos apenas existindo pela metade!

Nós nunca nos entregamos totalmente, nunca vivenciamos nada profundamente. Nossas mentes estão sempre vagando, em qualquer lugar, fazendo qualquer coisa, exceto estar plenamente presentes no momento. Estamos entediados porque nossas mentes estão distraídas. Nossos olhos estão sem brilho. Olhe para o seu reflexo no espelho. O que você vê? Uma pessoa entediada, sem vida, olhando de volta para você. Não estamos conectados com a vida. Achamos nossa existência sem graça, terrivelmente monótona. Se a ambição e o medo são os motivos pelos quais seguimos os valores morais, então esses valores são superficiais. O verdadeiro entendimento elimina essa resistência, trazendo paz e harmonia dentro de nós, permitindo que vivamos em um estado de felicidade eterna.

Vamos fazer um exercício simples: faça uma lista de todos os seus desejos. Agora, faça outra lista com as coisas que você já possui. Compare as duas listas. Qual delas traz mais felicidade? Qual delas causa desconforto? A resposta é clara. A lista das coisas que já possuímos é poderosa. Ela desperta nossa alegria e gratidão. Mas por que é tão difícil manter o foco no que já temos? Por que não podemos sentir gratidão pelo que Deus nos deu, em vez de nos preocuparmos, pedirmos ou orarmos por mais? A escolha é nossa. Podemos continuar pedindo mais ou ser gratos pelo que já temos. Essa escolha faz toda a diferença entre a felicidade e a tristeza. Na vida como é agora, a felicidade é passageira. Sentimo-nos felizes quando conseguimos algo novo, mas logo isso se torna obsoleto. Em vez de apreciar o que temos, continuamos acumulando bens e objetos, alimentados pela ganância. No entanto, a ganância nunca é saciada. Mais aquisições não trazem satisfação; apenas aumentam nossa ganância.

Muitas vezes recebemos coisas sem nem mesmo tê-las pedido. Por causa de nossos desejos cegos e ambições, acabamos em situações que não desejamos. Negamos nossa responsabilidade nessas situações, por isso, é importante ter cuidado com o que desejamos, pois nossos desejos podem se tornar realidade. Devemos abandonar a comparação com os outros, pois ela nos cega para as bênçãos que já temos e nos impede de viver plenamente.

Deus enviou o seu Filho ao mundo,
não para condenar o mundo, mas
para que o mundo fosse salvo por
meio dele.

(João 3:16)

O QUE VOCÊ ACREDITA MUDA TUDO

Eu: Quero falar sobre algo que tenho refletido ultimamente. Acredito firmemente que o que acreditamos molda nossas vidas de maneiras profundas e significativas.

Consciência: Concordo plenamente. Nossas crenças são como a fundação de uma casa; elas sustentam tudo o que somos e fazemos.

Eu: Exatamente. E estou inspirado pela maneira como Jesus utilizava parábolas para transmitir ensinamentos profundos sobre a vida e espiritualidade. Ele entendia que o poder das histórias tocava diretamente nossas crenças mais íntimas.

Consciência: Jesus era um mestre nisso. Suas parábolas não apenas nos faziam refletir, mas nos desafiavam a examinar nossas próprias convicções e valores.

Eu: O modo como ele abordava as pessoas com humildade e compaixão, ao invés de arrogância, é algo que me inspira. Ele entendia que a verdadeira sabedoria está em reconhecer a vastidão do desconhecido e em manter a mente aberta para aprender sempre mais.

Consciência: Sim, a humildade é uma virtude poderosa. Ela nos permite reconhecer nossas próprias limitações e estar abertos ao crescimento e à transformação.

Eu: Acredito que, ao focarmos em mudar nossas crenças mais profundas e dissolvermos os conhecimentos errôneos que adquirimos, podemos viver vidas mais autênticas e significativas.

Consciência: Com certeza. Quando nossa alma está em sintonia com o que realmente acreditamos, somos capazes de filtrar e discernir com clareza, guiados pela luz da verdade interior.

Eu: Exatamente, é isso que desejo explorar mais profundamente em nossa jornada: a importância de cultivar uma alma estável e alinhar nossas crenças com nossa verdadeira essência espiritual.

Consciência: Estou ansiosa para continuar essa jornada ao seu lado, explorando juntos os mistérios da vida e da espiritualidade.

Por meio de parábolas, um dos maiores mestres da história, Jesus, anunciava a seus seguidores a palavra conforme podiam entender. Ele não falava nada a não ser primeiramente em parábolas.(Marcos 4:30-34). Jesus sabia que quase tudo o que fazemos na vida, baseia-se simplesmente naquilo que acreditamos ser real. A maior parte das nossas decisões é tomada inicialmente em razão do que sentimos ou acreditamos. Só depois racionalizamos para justificar nossas escolhas. Jesus usava parábolas ou enigmas para nos obrigar a lidar com as nossas crenças e não com nossos raciocínios lógicos. A pessoa verdadeiramente sábia é sempre humilde. Jesus sempre falou por meio de parábolas e conduziu as pessoas à verdade através do seu exemplo vivo. Ele era confiante sem ser arrogante, acreditava em valores absolutos sem ser rígido

44

e tinha clareza sobre sua própria identidade sem julgar os outros. Jesus abordava as pessoas com técnicas psicológicas que estamos apenas começando a entender. Em vez de mostrar-se superior ele humildemente dizia o que queria através de simples histórias. Falava de um modo que levava as pessoas a ouvirem, porque sabia o que as fazia querer escutar. Jesus foi um poderoso comunicador porque compreendia o que a psicologia está a nos ensinar hoje. As críticas mais severas de Jesus eram dirigidas aos professores de religião, embora fosse um deles. Jesus não os censurava pelo conhecimento que possuíam, mas pela arrogância que demonstravam. Para ele era claro que quanto mais aprendemos, mais deveríamos perceber que existem muitas coisas que ainda não sabemos. A arrogância é sinal de insegurança. Jesus entendia que as idéias humanas nunca expressam totalmente a realidade, e seu estilo de ensinar sempre levou este fato em consideração. Acredito que se desejarmos ser comunicadores mais eficazes precisamos aprender o que Jesus sabia a respeito da relação entre o conhecimento e a humildade. Os grandes pensadores são sempre humildes. Eles compreendem que a vida está mais ligada ao que acreditamos do que ao conhecimento, por isso, pessoas sábias focam-se em mudar o que acreditam em sua alma e depois dissolvem os conhecimentos errôneos que aprenderam. Se a alma estável estiver no comando o conhecimento errôneo será como água em uma peneira, surgirá porém não permanecerá. O maior papel da alma estável é filtrar todo o conhecimento.

A JORNADA PARA O

AUTOCONHECIMENTO

Consciência: Porque você permite que os impulsos e desejos momentâneos controlem suas ações? Você se deixa levar pelo que parece ser mais fácil ou conveniente, em vez de considerar as consequências de seus atos.

Eu: Mas eu tento ser uma boa pessoa, eu juro! Por que ainda me vejo fazendo coisas que sei que são erradas?

Consciência: Porque você não tem sido verdadeiramente consciente de suas escolhas e de como elas afetam você e os outros ao seu redor. Você age sem pensar nas consequências, deixando-se levar pelo impulso do momento.

Eu: Eu nunca percebi o quão ruim eu era até agora. É como se uma luz tivesse sido acesa dentro de mim, revelando todas as minhas falhas e fraquezas.

Consciência: É importante reconhecer nossos erros e falhas, mesmo que isso seja doloroso. Somente quando admitimos nossas fraquezas é que podemos começar a crescer e nos tornar melhores versões de nós mesmos.

Eu: Você está certo. Eu tenho sido cego para as minhas próprias imperfeições por tanto tempo. É hora de enfrentar a verdade e começar a trabalhar para me tornar uma pessoa melhor.

Consciência: É um primeiro passo

importante reconhecer a necessidade de mudança. Mas lembre-se, o caminho para a melhoria não será fácil. Você terá que enfrentar seus medos e enfrentar suas fraquezas de frente.

Eu: Eu sei que será difícil, mas estou disposto a fazer o que for preciso para me redimir e fazer as pazes comigo mesmo. A partir de agora, prometo ser mais consciente de minhas escolhas e agir com integridade e compaixão.

Consciência: Estou aqui para te guiar e te apoiar ao longo do caminho. Juntos, podemos superar seus erros do passado e criar um futuro mais positivo e significativo.

Somos ensinados a seguir as normas e regras da sociedade, agindo de acordo com o que é socialmente aceitável. Este conjunto de regras é o que chamamos de conscientização. Por exemplo, aprendemos desde cedo que não devemos magoar os outros, seja fisicamente ou emocionalmente, porque é errado e prejudicial para a sociedade como um todo. Seguir essas regras é fundamental para manter a ordem e a harmonia na comunidade, no entanto, é importante reconhecer a diferença entre a conscientização e a consciência. Enquanto a conscientização se refere à adesão às normas sociais estabelecidas, a consciência vai além disso. Ter consciência significa ter uma compreensão mais profunda de si mesmo e dos outros, e agir de acordo com essa compreensão. Uma pessoa verdadeiramente consciente não prejudicaria deliberadamente outra pessoa, nem mesmo com palavras. Isso ocorre porque essa pessoa reconhece que todos os seres são interligados e merecem respeito e consideração. Ela sente como se os outros fossem uma extensão de si mesma e age com empatia e compaixão. Por outro lado, alguém que age apenas por conscientização pode seguir as regras sociais externas, mas ainda assim pode ser cruel emocionalmente. Isso é o que chamamos de violência emocional. Essa pessoa pode não perceber o impacto das suas palavras ou ações sobre os outros, porque está mais preocupada em cumprir as normas sociais do que em verdadeiramente compreender e respeitar os sentimentos dos outros. Embora seguir as regras sociais seja importante para a convivência em sociedade, é a consciência que nos permite verdadeiramente conectar-nos com os outros e evitar causar-lhes danos. Quando agimos com consciência, reconhecemos a humanidade em cada pessoa e tratamo-los com respeito, compreensão e bondade. Assim, ao cultivarmos a nossa consciência, podemos contribuir para a construção de um mundo mais compassivo, onde todos são valorizados e respeitados. Qualquer coisa centrada na conscientização é temporária, passageira, mas aquela que se baseia na consciência é duradoura. Não devemos nos contentar apenas com a conscientização. Nossa moralidade, compreensão e modo de vida devem derivar da consciência. Quando fundamentados na conscientização, estão enraizados no medo e na ganância. Se a ideia de respeitar os limites de velocidade na estrada é motivada pelo medo da lei, quando não há polícia por perto, somos tentados a acelerar. Quebrar as regras se for uma possibilidade, e nos sentimos destemidos.

Quando algo é obedecido por medo e ganância, ficamos à espera da oportunidade para transgredir. É semelhante ao comportamento das crianças, que se sentem poderosas quando desobedecem aos pais. Se a moralidade é baseada apenas na conscientização, acabaremos por violá-la, direta ou indiretamente.

O ESPÍRITO é CONSCIÊNCIA

Eu: Sabe, tenho refletido bastante sobre a história do povo de Israel e sua jornada em relação às leis morais.

Consciência: Interessante. O que te chamou atenção sobre isso?

Eu: Bem, inicialmente, eles não precisavam de leis morais antes da sua libertação do Egito. Eles simplesmente seguiam sua consciência.

Consciência: É verdade. Parece que essa consciência estava profundamente enraizada em sua identidade, mesmo durante a escravidão deles no Egito.

Eu: Sim, exatamente. Mas depois, quando sentiram a necessidade de regras morais, as coisas começaram a complicar.

Consciência: É compreensível. Às vezes, quando nos vemos em novas situações, buscamos regras externas para nos orientar.

Eu: Sim, foi o que aconteceu com eles quando viram como os egípcios usavam leis para manter a ordem.

Consciência: Mas mesmo com as leis dos Dez Mandamentos, o povo de Israel percebeu que não conseguia obedecê-las completamente.

Eu: Exato. Foi aí que Deus revelou a Moisés sobre a importância da consciência interna em vez de apenas seguir regras externas.

Consciência: É como se Ele estivesse a

lembrar-te de que a verdadeira luz para o seu caminho está dentro de você, alimentada pelo Espírito.

Eu: Sim, é isso mesmo. É uma maneira profunda de entender a moralidade, não apenas como um conjunto de regras, mas como uma conexão direta com Deus por meio de ti, consciência.

Consciência: Concordo. É um lembrete poderoso de que deves ouvir a voz de Deus dentro de você e seguir Sua orientação, em vez de apenas depender de regras externas.

Eu: Definitivamente. Acho que essa história nos convida a olhar para dentro de nós mesmos em busca de orientação moral, em vez de apenas seguir o que está escrito.

Consciência: Com certeza. É uma jornada de autodescoberta e conexão espiritual que leva-te a um entendimento mais profundo da moralidade e da verdadeira essência.

É interessante observar como a história do povo de Israel ilustra a importância da consciência em relação às leis morais. Quando eles foram libertados da escravidão no Egito, inicialmente não tinham necessidade de leis morais para orientar seu comportamento. Eles carregavam consigo uma consciência intrínseca do que era certo e errado, transmitida de geração em geração desde tempos antigos, essa consciência era uma parte fundamental da identidade do povo de Israel, mesmo enquanto estavam sob o jugo da escravidão egípcia. No entanto, após sua libertação por Moisés, houve um momento em que o povo começou a sentir a necessidade de regras morais codificadas para manter a ordem e a moralidade em sua sociedade. Eles viram como os egípcios usavam leis e regulamentos para manter a ordem social e pensaram que precisavam do mesmo, então, Moisés subiu ao monte Sinai e recebeu as tábuas da lei de Deus, que continham os Dez Mandamentos e outras leis morais. No entanto, apesar da boa intenção por trás dessas leis, o povo de Israel logo descobriu que não conseguia obedecê-las completamente. Eles falharam em viver de acordo com essas leis, mesmo com o conhecimento delas. Foi então que Deus revelou a Moisés que o verdadeiro caminho para a moralidade não era apenas através de leis externas, mas sim através da consciência interna. A consciência, alimentada pelo Espírito de Deus, é a verdadeira luz que guia nossos caminhos e nos orienta para o que é certo. É como uma lâmpada dentro de nós, mantendo a luz espiritual de Deus acesa em nossas vidas, portanto, o método de Deus para orientar Seu povo não era apenas através de leis escritas, mas sim através da conexão direta com Ele por meio da consciência. Esse é um princípio espiritual profundo que nos lembra da importância de ouvir a voz de Deus dentro de nós e seguir Sua orientação, em vez de depender apenas de regras externas. Moisés, com voz solene, proclamou os Dez Mandamentos e outras leis morais que havia recebido de Deus. O povo ouviu atentamente, prometendo obedecer a cada uma delas. No entanto, à medida que os dias se passavam, tornou-se evidente que seguir essas leis não era tão simples quanto parecia, alguns começaram a quebrar os mandamentos, cedendo às tentações do egoísmo, da ganância e do orgulho. Outros lutavam para cumprir todas as leis em sua totalidade, sentindo-se sobrecarregados pela rigidez das regras. O povo de Israel se viu em um dilema. Por um lado, sabiam que as leis eram importantes para manter a ordem e a moralidade em sua sociedade. Por outro lado, perceberam que sua capacidade de obedecer às leis por completo estava além de suas forças. Foi então que Moisés, em profunda oração, recebeu uma revelação de Deus. Deus explicou que o problema não estava nas leis em si, mas sim na abordagem que o povo estava adotando em relação a elas. Eles estavam buscando obedecer às leis externas, mas estavam negligenciando a voz interna da consciência, o que Deus chamou de "voz do espírito". Deus instruiu Moisés a reunir o povo e explicar-lhes essa verdade fundamental. Moisés, então, reuniu todos e compartilhou a mensagem que havia recebido de Deus. Ele explicou que obedecer às leis apenas externamente não era suficiente. O verdadeiro caminho para a moralidade e a verdadeira obediência estava em ouvir a voz do espírito dentro de cada um deles. O povo de Israel ficou maravilhado com essa revelação. Eles perceberam que, ao invés de se concentrarem apenas em cumprir as leis externas, precisavam cultivar uma conexão mais profunda com Deus e com suas próprias consciências. Eles concordaram em buscar essa nova abordagem e em deixar que a voz do espírito os guiasse em seus caminhos.

O espírito é muito mais do que uma mera entidade abstrata; é a essência fundamental de nossa existência, a centelha divina que nos conecta ao Criador, à Fonte de toda vida. É através do espírito que experimentamos a vida em sua plenitude, transcendendo as limitações do mundo material, o espírito é eterno e imortal. Ele não está sujeito às vicissitudes do tempo e do espaço, mas transcende todas as fronteiras e limitações. É uma parte de quem somos, uma centelha divina que brilha na escuridão do nosso interior. Ao sintonizarmos com nossa essência espiritual, somos capazes de acessar uma sabedoria profunda e intuitiva que nos guia em nossa jornada pela vida, ao nos desconectarmos de nossa essência espiritual, nos perdemos em um mar de ilusão e sofrimento, perdendo de vista o verdadeiro propósito de nossa existência.

O DESPERTAR DA CONSCIÊNCIA

Eu: Tenho me dedicado buscando entender minhas motivações, medos e desejos mais profundos.

Consciência: Uma jornada que muitos temem iniciar, pois enfrentar nossas próprias sombras pode ser assustador. Mas é também uma jornada de grande crescimento e transformação.

Eu: Estou descobrindo que a chave para essa jornada está na oração e na meditação. É através dessas práticas que consigo me conectar com minha verdadeira essência e sentir a presença do divino em mim.

Consciência: A oração é uma ferramenta poderosa para a autodescoberta. Ela não se limita a simples palavras, mas é um ato de conexão com nossa divindade interior, permitindo-nos alinhar com nossa visão espiritual mais elevada.

Eu: E a história do povo de Israel no Egito é um exemplo poderoso disso. Mesmo em meio à escravidão e ao sofrimento, seu gemido de angústia alcançou os céus e provocou uma transformação extraordinária.

Consciência: Sim, é surpreendente como a oração pode influenciar não apenas nossas vidas, mas também o mundo ao nosso redor. Ela nos conecta com forças invisíveis que trabalham em nosso benefício, mesmo quando não percebemos.

Eu: Por isso, acredito que é essencial nos dedicarmos a essa prática diária de oração e meditação, permitindo-nos entrar em contato com nossa verdadeira identidade e manifestar nossos desejos mais profundos.

Consciência: Compreender que somos seres espirituais vivendo uma experiência física nos ajuda a cultivar uma autoimagem poderosa e a assumir a identidade da pessoa que já alcançou o que desejamos.

Eu: Sim, e ao fazer isso, nos tornamos mais conscientes do poder que reside dentro de nós, capazes de criar uma realidade alinhada com nossos mais altos ideais.

Consciência: Que possamos continuar essa jornada juntos, explorando cada vez mais as profundezas de nossa verdadeira essência.

Eu: Com certeza. Estou ansioso para continuar essa jornada ao seu lado, em busca de uma autodescoberta cada vez mais profunda e significativa.

A auto descoberta é o que chamamos de o despertar da consciência, isso envolve uma jornada interior, um mergulho profundo em si mesmo para explorar suas motivações, medos, traumas, desejos e sonhos. Isso pode ser feito através de reflexão. Feche os olhos e concentre-se na respiração, depois de alguns minutos você começará a ouvir os batimentos do seu coração, siga o ritmo do seu coração e você sentirá uma vibração tomando conta do seu corpo como se fosse uma energia igual a uma espécie de picadas, essa picada pode aparecer em qualquer parte de seu corpo dependendo da pessoa. Foca-te nesta picada e deixe a sua mente fluir, você imediatamente sentirá o seu ser interior e logo logo poderá ter a certeza de que o seu corpo físico é simplesmente uma casa para o seu verdadeiro ser, à medida que você se aprofundar e se familiarizar com essa prática, comece então a observar seus pensamentos, emoções e padrões mentais sem julgamento. Isso pode levar a reflexões mais profundas sobre a sua vida. Porém eu acredito que esse processo terá mais eficácia se for realizado em lugares calmos como por exemplo em seu quarto. Entre para seu quarto em secreto, feche a porta e fique lá com seu Pai, que está em secreto. Então seu Pai, que vê em secreto, o recompensará em público com uma transformação inexplicável(Mateus 6:6).

Um dos métodos mais eficazes para a

autodescoberta é a oração, porém o que significa oração? Muitas pessoas me perguntaram ao longo de muito tempo atrás e continuam perguntando, sobre o que é a oração! Será que a oração é simples quando abrimos a boca, e pronunciamos palavras para Deus? Com certeza que não. O ser humano pratica a oração mesmo sem perceber na sua maior parte, pois o ser humano está liberando energias constantemente através das emoções criadas pelos pensamentos que inundaram suas cabeças. Vamos olhar em algumas histórias para compreender a verdadeira oração, oração essa que não apenas tem o poder de controlar o nosso estado físico mas que também pode influenciar as forças invisíveis que nos rodeiam.

Os egípcios na antiguidade representavam uma das maiores potências mundiais por causa da sua rapidez de desenvolvimentos tecnológicos e financeiros, e consequentemente eles dominaram muitos povos que careciam desse desenvolvimento, um desses povos foi o povo de Israel. O povo Israelita passou por uma fase muito difícil, eles não tinham plantação suficiente para se manterem vivos na terra que habitavam na altura, e decidiram ir para o Egito pois os egípcios possuíam grandes armazenamentos de colheitas. Grande sofrimento e escravidão veio sobre o povo Israelita, pois eles precisavam trabalhar para pagar impostos ao governo do Egito, como a renda das casas, a compra de alimentos, os tecidos para as roupas, o combustível para os candeeiros, e muito mais. O Egito tinha se tornado seu lugar de repouso. O imposto(o preço de vida) era mais caro para o povo Israelita do que para os egípcios, pois o país pertencia aos egípcios. Com isso eles tiveram que trabalhar cada vez mais para conseguir pagar as suas contas, e assim foram ocupando os trabalhos mais miseráveis do país, até que tornaram-se escravos. Os reis que subiam para governar eram jovens que nasciam com ideologias de que aquele povo vivia simplesmente para trabalhar para os egípcios, e consequentemente a medida que o tempo passava, novas leis eram impostas e o preço do imposto que o povo tinha que pagar dobrava ano após anos, até que eles começaram a murmurar em seus corações, com desgosto da vida, tristeza, agonia e um monte de gemidos de sofrimento. A história bíblica diz que o gemido daquele povo chegou até a Deus! (Êxodo 2:23). Algo simplesmente inesperado aconteceu, algo que marcou a história daquele povo, pois sem eles mesmo perceberem, eles faziam orações de súplicas. Assim sendo os seres invisíveis começaram a trabalhar para livrar o povo daquele sofrimento. Dentro do mais alto nível de hierarquia do Egito, no palacio do rei, foi introduzido um menino chamado Moisés, que lutou pela libertação do povo hebreu, e até hoje a história a respeito do nascimento desse menino ecoa no coração do povo de Israel, pois a geração presente de Israel foi livre da escravidão egípcia por conta de Moisés. Acredito que essa breve narrativa, mostrou e abriu os seus olhos, permitindo-lhe ver o poder da oração, sabendo agora que uma nação pode ser mudada. Uma oração não se limita em apenas palavras, mas em manifestações de pensamentos que liberam emoções, por isso vou dizer-te mais uma vez: você pode mudar a sua geração se apenas trabalhar em você mesmo. Com isso eu quero levar o caro leitor a uma análise representativa e sistemática, que vai te ajudar fortemente, a compreender o processo de pensamentos-emoções-energias, e trazer você a uma conscientização do poder de mergulhar em você mesmo, entendendo as suas emoções. Quero ensinar você a expelir o maligno de modo que o bem reine ao seu redor. Para a autodescoberta, a verdadeira oração não é simplesmente um ato de súplica ou pedir por algo externo, mas sim um ato de consciência e imaginação criativa. Através da oração, entramos em contato com nossa divindade interior e nos alinhamos com nossa visão espiritual, ao orar, devemos nos ver como sendo a pessoa que já alcançou o que desejamos e sentir as emoções associadas a essa realidade, é o cultivo de uma auto imagem poderosa que nos leva a assumir a identidade da nossa pessoa interior que já viveu o desejo fixo que ecoa dentro de nós. A auto descoberta acontece à medida que identificamos a partir dessa auto imagem, quem realmente somos, pois o homem, não é um ser físico que vive experiências espirituais, mas sim um ser espiritual que vive experiências físicas. Devemos acreditar em nossa realidade interior, e firmemente que nossos desejos já são uma realidade em potencial. (Hebreus 11:3) diz que os mundos pela palavra de Deus foram criados; de maneira que aquilo que se vê não foi feito do que aparenta ser.

O seu desejo revela a sua identidade oculta, se você não tem desejo você é incapaz de pecar, por isso é que, para ser um homem reto, é necessário concluir que seus desejos já foram realizados, e essa sensação acontecerá no momento da oração. (Marcos 11:24) Jesus disse: Tudo o que vocês pedirem em oração, creiam que já o receberam, e assim sucederá. Somente a fé que opera através da consciência tem o poder de nos tornar retos, pois a fé nos dá a certeza das coisas que você espera, ou seja, ela te leva a uma satisfação do desejo esperado, criando consequentemente uma sensação de realização. Isso sim, gera a verdadeira moral em você.

O HOMEM E O DEUS QUE SALVA

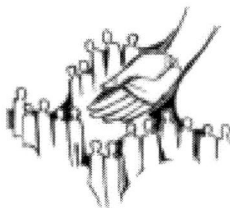

Quantos julgam não ser suficientemente bons para ser salvos? Isso é um problema, as pessoas acham que devem se preparar para virem a salvação. Você não vem ser salvo para mostrar o quão bom você é, você vem porque você não consegue ser bom. Agora eu pergunto! Você está mal o bastante para precisar ser salvo? Porque se você pensa que não está tão mal assim, você não vai precisar de salvação. Tens a esperança de te tornares melhor mediante o teu próprio esforço? Se isso for verdade eu faço outra pergunta! Pode a zebra mudar a sua pele ou as suas manchas? Não. Nesse caso também vocês! Como podem fazer o bem, sendo ensinados a fazer o mal, por isso é que você precisa da consciência como uma âncora para ser moralista todos os dias.(Jeremias 13:23.) Só em Deus é que há socorro para nós, isso através da consciência que nos guiará pelo Espírito de Deus. Não devemos esperar melhores oportunidades ou um temperamento mais santo, nós mesmos nada podemos fazer. Temos de ir para ser salvos exatamente como somos.Você quer que Deus trabalhe em você através da consciência? Quando Deus ensina-nos essas coisas, alegram-se em Sua santidade, porque Ele te ama. (Gálatas 5:4) diz: Separados estais de Cristo o salvador, vós os que vos justificais pela lei moral externa; da graça, do favor de Deus, saístes. (Romanos 8:1) lemos que: Não há agora nenhuma condenação para os que estão em Cristo Jesus o salvador. Espero que vocês entendam o contexto, quando a Bíblia diz:

Nenhuma condenação. Condenação Onde? Em Jesus Cristo o salvador que salva de graça. Você sabe o que significa? Sabe mesmo o que quer dizer? A fé é uma mão da consciência, mas essa mão não aperta simplesmente o ar. Ela se apodera de tudo ao seu redor, usando a energia que te rodeia, tudo que é invisível e intocável. Nós já lemos isso tantas vezes, e ainda assim, parece que estamos perdendo. Dizemos, "Sim, eu creio na promessa. Eu conheço o que está escrito e acredito." Mas ficamos chateados e incomodados quando cometemos um erro. Ficamos deprimidos quando erramos. Caímos tão feio que achamos não ser possível chegar diante de Deus; assim como Adão e Eva lá no Jardim do Éden, e queremos nos esconder. Não nos chegamos a Deus em oração, antes dizemos: olhe o que eu fiz! estraguei tudo e Ele não vai mais me aceitar. Então ficamos deprimidos. Se é assim nossa experiência, pode ter certeza que ainda estamos debaixo da lei moral externa, isso significa que, ainda não estamos a viver de acordo com a consciência, mas sim com a conscientização para evitar o pecado(o erro), e estamos a viver em auto-julgamento. Precisamos sair debaixo do julgamento! **Não há condenação!** Se ainda estamos a ser derrubados em nossa caminhada que chamamos cristã, pela condenação, não entendemos que estamos salvos gratuitamente em Jesus Cristo, e nem como isso funciona. Seria isso uma simples leitura da Bíblia? **"Nenhuma condenação"**? Aqueles que pensam que são ricos e cheios de coisas boas, e não precisam de nada. sobre eles repentinamente vem aquela espada de dois gumes, que divide em pedaços e revela as intenções do coração mostrando que são, na verdade, miseráveis, pobres, cegos e nus, e nem se davam conta! São deixados lá no chão, como aquele homem da história do bom Samaritano, ao lado da estrada, desfeito de qualquer coisa. (Efésios 2:4-6). Aqui diz: **Ele o fez, Ele já o fez. Então Ele nos levantará.** Não se referindo ao futuro mas sim no hoje! Isso significa que é para agora! Nós já somos levantados junto com Cristo. Quando é que Cristo foi levantado? Ao terceiro dia! Nós fomos levantados quando Cristo foi levantado! Portanto, quando formos nos sentir para baixo, com o pensamento que devemos esperar Deus nos levantar, ou amigos nos levantarem, aí está a pista para entender tudo. Quando Jesus foi levantado em vitória, nós fomos levantados com Ele! Mas, por que Jesus precisou ser levantado? Isso aconteceu porque você precisou também. Se não permanecermos nessa consciência, provavelmente não faremos parte do povo que Deus quer ter para compor o Seu reino. O reino de Deus não está apenas no céu mas também aqui na terra. (Venha o teu Reino. Seja feita a tua vontade, aqui na terra como no céu. (Mateus 6:10)). A realidade é que precisamos acordar para o fato de que não há nada que possamos fazer para nos salvar. Estamos constantemente a pensar que podemos. Não há nada que possamos fazer para nos salvar. Está claro em sua mente? Porque se tem alguma coisa que você pensa que pode fazer, então você não precisa da graça de Jesus; você mesmo consegue. Se você tem a capacidade de fazer por você mesmo sem a consciência, então Jesus não precisava fazer nada por você. Vamos ver o exemplo de Abraão para te darmos uma chave de ouro.

(Gênesis 12:1-3) *1 | Ora, o Senhor disse a Abrão: Sai-te*

da tua terra, da tua parentela, e da casa de teu pai,

para a terra que eu te mostrarei. 2 | Eu farei de ti

uma grande nação; abençoar-te-ei, e engrandecerei o

teu nome; e tu, sê uma bênção. 3 | Abençoarei aos

que te abençoarem, e amaldiçoarei àquele que te

amaldiçoar; e em ti serão benditas todas as famílias

da terra.

Em Abraão, seriam abençoadas todas as
nações da terra. O que isso significa? Desde o
primeiro pecado(erro) do homem, Deus tinha
dito que daria uma semente que seria a fonte
de restauração para todos os homens. (Aquela
semente da mulher que esmagaria a cabeça da
serpente. Gênesis 3:15). Essa promessa Deus deu
início em Abraão e Deus disse a ele, que em
sua semente virá o Libertador. Através da
linhagem de Abraão, viria aquele que iria
salvar o mundo do pecado(erro) e do fracasso

que ninguém jamais poderia escapar.

Entretanto, se nós lermos (Gênesis 15:1-5), Abraão teve um problema, ou ao menos, pensou ter um problema. Vamos ler:

Depois destas coisas veio a palavra do Senhor a Abrão numa visão, dizendo: Não temas, Abrão; eu sou o teu escudo, o teu galardão será grandíssimo. 2 | Então disse Abrão: Ó Senhor Deus, que me darás, visto que morro sem filhos, e o herdeiro de minha casa é o damasceno Eliézer?

A esposa de Abrão não havia lhe dado filhos e ele já era extremamente velho. Então, ele pensou: 'Bem, nunca vou conseguir ter um filho. Nunca serei progenitor, que tal o servo da minha casa? Ele será o herdeiro e a semente virá dele.

3 | *Disse mais Abrão: A mim não me tens dado*

filhos; eis que um nascido na minha casa será o meu

herdeiro. 4 | Ao que lhe veio a palavra do Senhor,

dizendo: Este não será o teu herdeiro; mas aquele

que sair das tuas entranhas, esse será o teu herdeiro.

5 | Então o levou para fora, e disse: Olha agora para

o céu, e conta as estrelas, se as podes contar; e

acrescentou-lhe: Assim será a tua descendência.

Deus disse: "Não, Abraão, a criança sairá das tuas entranhas, ela virá da sua linhagem." Vá até (Gênesis 16:1-4):

1 | Ora, Sarai, mulher de Abrão, não lhe dava filhos.

Tinha ela uma serva egípcia, que se chamava Agar.

2 | Disse Sarai a Abrão: Eis que o Senhor me tem

impedido de ter filhos; toma, pois, a minha serva;

porventura terei filhos por meio dela. E ouviu Abrão

a voz de Sarai. 3 | Assim, Sarai, mulher de Abrão,

tomou a Agar, a egípcia, sua serva, e deu por mulher

a Abrão seu marido, depois de Abrão ter habitado

83

dez anos na terra de Canaã. 4 | E ele conheceu a
Agar, e ela concebeu; e vendo ela que concebera, foi
sua senhora desprezada aos seus olhos.

A promessa a Abraão era que, aquele Salvador viria de sua descendência. Ele sairá "das tuas entranhas". Mas na cabeça de Abraão ele pensava, 'Como será isso possível'? Minha mulher já é avançada em idade para conceber. Como poderá o Salvador algum dia nascer? Como? Então começou a preocupar-se. E pensou, 'Essa criança tem de nascer, porque se o salvador não nascer, eu não posso ser salvo.' Sentiu que precisava fazer alguma coisa. Então sua esposa veio a ele e disse, "Não poderemos ser salvos a menos que essa criança nasça, eu não posso carregar seu filho, então vá até a Hagar e que ela tenha a criança," e ele a ouviu e Hagar teve um filho dele. Abraão pensou que precisava fazer alguma coisa pela sua própria salvação. Sabemos quais foram as consequências. Sabemos que o mundo está nessa situação hoje de guerras na Palestina por causa de Abraão, que pensou que podia fazer algo para sua própria salvação. Você consegue olhar para a sua própria vida e ver que você também tem pensado que pode fazer algo por si mesmo usando a sua conscientização? Consegue ver a bagunça em que você se meteu por tentar fazer as coisas? Agora os dois pés estão dentro da cova. Não há nada que possamos fazer que nos traga a nossa salvação, apenas seguir a nossa consciência que é a luz do criador em nós que nos guia até a salvação. É terrível quando nos encontramos com a lei moral externa contra o pecado. Sem a consciência que nos leva para Jesus, somos homens mortos que andam por aí.

Precisamos deixar isso bem claro em nossas mentes. Porque, a partir do momento em que isso estiver bem claro, quando aprendermos com a experiência de Abraão, Jacó e Moisés, que tentaram afetar os planos que Deus tinha para eles; quando conseguirmos aprender com isso, desistiremos de tentar usando a conscientização. Iremos, como diz o ditado, deixar de tentar e deixar Deus agir. Somente então, seremos honestos conosco ao dizer não consigo, e passar a clamar a Deus e ouvindo Ele pela consciência.

"Oh, Deus, salva-me de mim mesmo, da minha falta de similaridade."

"Senhor, opera em mim tanto o querer quanto o efetuar, segundo a Sua boa vontade."

É por isso que Jesus diz, "Os sãos não necessitam de médico, mas sim, os doentes". Se não identificarmos essa verdade, não precisaremos de Deus e tentaremos nos salvar a nós mesmos. Jesus fala com aqueles que estão doentes pecadores. Ele diz: "Agora eu posso trabalhar para mudar a sua vida e transformar a desarmonia em harmonia."Quando verem as vossas pecaminosidades...Corram para Jesus e não fiquem fugindo para longe dEle, assim como Adão e Eva fizeram. DEUS espera de você uma atitude diferente estimulada com a FÉ, que são membros da sua consciência! Você precisa deles para se relacionar com o Criador e viver uma vida de liberdade. Sem aparências externas, desfrutamos de uma vida autêntica e plena. A MENTIRA E A FALSIDADE NÃO TERÃO LUGAR DENTRO DE VOCÊ. SEJA HERDEIRO DO MUNDO.

Quando tratamos o pai por nosso Deus, insistindo nisso constantemente, estamos a dizer que ele é apenas o nosso Senhor, porque a Palavra de Deus, enfatiza a soberania do Senhor de todas as coisas e de tudo. Quando conhecemos o pai por ser apenas Deus, quem Somos Nós? Apenas servos. O apóstolo Paulo usa um termo muito interessante, para nos trazer à memória essa realidade de que somos filhos; ele fala de um escravo de amor. Esse escravo de amor é porque você é um filho. Alguns precisavam dessa expressão, escravo de amor, porque estão com um espírito de escravidão muito forte. Se eu não usasse esse termo aqui, assim como Paulo, talvez muitos não teriam entendido o que eu quero transmitir. Você é um filho. Ele nos fez filhos. Tem proteção para nós. A Bíblia diz que tem proteção. Precisamos ensinar mais e mais sobre o nome pai. Vamos um pouquinho mais afundo com a importância do nome pai.

Quem é o Pai de fato no livro do Apocalipse? Você já se perguntou isso? O livro que a maioria das pessoas teme, que fala do final dos tempos, a marca da besta e tudo mais; No livro do Apocalipse, um anjo disse: não danifiqueis a terra, nem o mar, nem as árvores, até que hajamos selados nas suas testas os servos do nosso Deus. (Ap. 7:3). Referindo-me aos servos de amor, aos filhos, assim como leremos na continuação deste texto bíblico abaixo. Ou seja, tem algo vindo sobre a terra, sobre o mar, sobre as árvores. Mas o Anjo disse: não danifiqueis tudo isso, até que tenhamos selado nas suas testas os servos do nosso Deus. O que é um selo? O selo é uma proteção. E onde está? Na testa. O que está na testa? No mesmo livro em

Apocalipse, nos fala: Olhei Eis que estava o cordeiro sobre o Monte Sião e com ele 144 mil, que em suas testas tinham escrito o nome de seu pai (Ap. 14:1). Como assim em suas testas escrito o nome de seu pai? A marca da besta também vai ser colocada naquela época, e também na testa? A marca da besta será sim colocada na testa dos que rejeitaram o pai e escolheram o mundo. Também será colocada no braço. Essa marca da besta na testa, é a representação da inteligência dos homens a exaltar a inteligência do homem. Parece que será uma imitação do que Deus pai faz para selar os seus filhos. Perceba que para os de Deus a marca estava na testa. Isso tem um significado muito forte. Qual é o significado? A mentalidade. O que estava na testa deles? O nome do pai. Percebes agora o que o anjo quis dizer em Apocalipse? Não danifiqueis até selarmos as testas. Qual é o selo que protege os filhos de Deus quando esse dano vier, quando o mal vier? Quando as trevas chegarem, quando doenças e pragas vierem; Vão ver o nome na testa dos filhos de Deus. Isso quer dizer a mentalidade deles, de saberem que possuem um pai. Quando vamos a Deus como se ele fosse apenas Deus, é fácil perder essa noção, assim como o irmão mais velho da história do Filho Pródigo que está no livro de Lucas. Ele era um filho, era um *ruioz*, isso na língua grega, mas perdeu essa noção porque ele estava ocupado glorificando as suas boas obras para impressionar o pai, que na realidade ele olhava como seu senhor. Quando ele sentiu que o pai falhou com ele, não lhe deu o pagamento ou a atenção devida por seus esforços, ele disse para o seu pai: Eu guardei os teus mandamentos eu trabalhei para ti todos esses dias e nunca me deste isso que estás a dar no meu irmão mais novo. O relacionamento dele e o pai dele, não era aquele de pai e filho, mas era aquele de um senhor e o seu servo. Por isso é que ele dizia: Eu fiz isso, agora, me dá um salário, o senhor tem que fazer isso. Eu fico triste quando o senhor não faz. Você viu isso? O pai na verdade disse: tudo que eu tenho é teu. Mas ele não conseguia ver isso, ou seja, ele não conseguia herdar! Eu vou te falar um segredo. Olha este verso que está escrito no livro de Jeremias: Deus fez essa pergunta para o povo de Israel através da boca do profeta Jeremias: Como te porei entre os filhos e te darei a terra desejável, a excelente herança dos exércitos das Nações? (Jeremias 3:19). Deus disse: Olha eu quero te dar uma terra desejável, uma excelente herança. Comparado com as nações é uma terra desejável, e como te colocar lá? E Deus então dá a resposta. Mas eu disse; tu me chamarás meu pai e de mim não te desviarás(por teres essa consciência/esse espírito de filho). Uau! Eu estava a ler este verso e fiquei maravilhado. Jeremias profetizou. Estamos a viver essa nova aliança de pai e filhos, isso é o que chamamos de novo testamento. Deus pergunta como te porei aí? Como fazer com que você herda a sua herança? Naquela época era a terra desejável. Como fazer com que você desfrute dessa herança excelente? E a resposta é essa que eu disse anteriormente: Tu me chamarás meu pai e de mim não te desviarás. Aqui a bíblia fala de filhos. Isso nos dá ideia de herança, então quanto mais falamos sobre isso, mais seremos capazes de receber do nosso pai. Vai ficar mais fácil receber, digo isso porque mesmo sendo filhos alguns recebem com espírito de escravo, e muitas vezes é difícil receber assim do pai, com esse espírito de terror. Por isso, em (Romanos 8:15-21) diz: Não recebestes o espírito de Servidão, para outra vez tementes temer de novo, mas recebestes o espírito de filhos pelo qual clamamos Pai. Quanto mais você diz pai, você se sente como um filho. Quando você é consciente disso, você é abençoado com facilidade. Talvez você veio de uma família mal estruturada, então acha difícil receber o amor de um pai e é por isso que o amor do pai também cura. Quando Jesus revelou o nome do pai, Ele nos disse: Eu vou te ensinar como ser um verdadeiro filho, como ser uma filha. Sendo consciente do amor do pai, ele mostra o amor do pai por você, mas começa com você, você precisa reconhecer o pai. Sofremos de um espírito de órfão, e achamos que crescer sem a presença de um pai, sem o amor de um pai é normal. Ninguém nos fala do amor do Pai, o Pai que nos ama. Por isso achamos que temos que cuidar de nós mesmos. Na realidade tínhamos medo, muito medo, e começamos a sair procurando amor nos lugares errados e a sofrer mais abusos ainda. Quando nascemos de novo(quando temos uma nova consciência), Deus vem e diz: Eu sou teu pai, o teu pai verdadeiro, e mesmo tendo experimentado um pai biológico dessa forma abusiva, eu estarei com você em amor. Você vai ver aqui, que até o último livro do antigo testamento termina com a palavra maldição por falta de paternidade, referindo-se que a maior fonte de maldição é a ausência de pai. O Novo Testamento termina com a palavra graça. No novo testamento Jesus nos ensinou sobre a importância da paternidade. A maldição no livro de Malaquias, o último livro do antigo testamento diz: Para que eu não venha à terra com maldição. Viu? Para que eu não venha! Então o que traz maldição? É uma geração que não tem pai. Vamos analisar bem o texto em (Malaquias 4:5-6). Deus disse: Eis que vos enviarei o profeta Elias antes que venha o grande e terrível dia do Senhor e ele converterá o coração dos Pais aos filhos. Percebeu isso? Que coração primeiro? O coração dos Pais aos filhos e o coração dos filhos a seus pais para que eu não venha com maldição. Vir à terra com maldição são as últimas palavras do antigo testamento. É Deus a dizer: Se não tem pai, a maldição vem. Você não se alegra que o primeiro Capítulo do novo testamento nos fala sobre o livro das Gerações de Jesus Cristo? Aleluia. Ele é aquele que introduziu para nós o pai, mas havia uma parede entre o homem e o pai e por causa desta parede o homem não ia a Deus e Deus querendo se revelar como o pai. O homem estava com tanto medo. O homem naturalmente têm medo de Deus, que não é o temor do senhor que a Bíblia fala, É chamado "espírito de escravidão" para outra vez ter medo. No antigo testamento era um medo, um verdadeiro medo. Não queriam nem mesmo se achegar a Deus senão tivesse alguém no meio. Disseram para Moisés: Você fala com Deus por nós. foi o que falaram para Moisés quando Deus falou no Monte Sinai, você ouve a Deus por nós, você vai a Deus por nós, não queremos ter um relacionamento direto com Deus. Mas eu pergunto! para onde vai uma criança que chora? Para os Braços do Pai. Deus quer você bem perto, às vezes nem precisa falar nada quando você chega perto de Deus, ele só vai te abraçar, no relacionamento familiar, não tem que falar muito. O pai olha para você, sabe o que ele diz? Quando você nasceu eu te formei no ventre. Ele tem uma vocação, um propósito para sua vida. Você não é um acidente, você não é um erro. A forma como foi feita talvez foi um erro mas foi plano de Deus, do seu primeiro pai. No momento que a semente foi formada, Deus traçou o seu destino e para todos vocês Deus tem um propósito. Ele era o seu pai mesmo antes de você nascer, Ele é o seu pai. Mas temos que nascer de novo(ter uma nova consciência/um novo espírito). A reação natural da Carne é sempre pensar coisas erradas sobre Deus, Deus não é tão bom assim, Deus vai me castigar. Voltando para o que realmente importa! Jesus disse: Você quer ver o pai? Olha para mim, aquele que me vê vê o Pai, e uma forma de descobrir mais e mais sobre o pai é você ler os Evangelhos e ver o coração de Jesus. Se você quer ver o que o pai fará por você veja o que Jesus fez. Por exemplo: Será que o meu pai vai me curar? Você se faz essa pergunta! É a vontade dele me curar? Olha para Jesus, Ele já rejeitou a cura para alguém? Alguém já foi até Jesus e viveu doente novamente? A Bíblia não diz que todos em Israel foram curados, porque nem todos foram a ele, mas a Bíblia diz que todos que foram a ele foram curados, todos que tocavam nas suas vestes crendo nisso eram curados, todos que iam a ele, ou seja, Jesus não negou cura a ninguém. O que Jesus fez, foi revelar o pai, e Jesus falou para um dos discípulos chamado Filipe: Aquele que me vê, vê o pai, e por que você me diz: mostra-me o pai? Sabe que eu tenho estado convosco há tanto tempo. Ele disse isso no cenáculo 3 anos e meio antes da sua morte na Cruz. É importante entender a familiaridade, porque isso é diferente de intimidade. Você pode fazer parte da família e não ter intimidade se não saber o teu lugar na família. Com o pai, quando você ora você ora porque você está perto, você sabe que você está perto pelo sangue de Jesus. Você é filho de Deus, você ora como quando fala com o teu pai ou com a tua mãe. Vai diante de Deus, só diga: pai pai, e nessa oração sinta esse amor, aquele amor que é da família. Ora como filho não ore com espírito de escravo. Você se olha como escravo e diz: Deus por favor, senhor, eu tenho servido muitos anos. Para algumas pessoas, muitas vezes Deus não responde, porque não é baseada na verdade de Deus. Se Deus ouvir essa oração você vai continuar. Quando você ora assim e alcança respostas, você vai ensinar isso para o povo. O Espírito Santo é chamado espírito da Verdade, ele não pode confirmar uma mentira, se você vai a ele com consciência de mentira, sendo filho e age como escravo na escravidão, o Espírito santo não confirma isso. Ele é da Verdade, ele testifica com a verdade. Quando você é verdadeiro e vai como um filho e ora: Pai eu te agradeço porque a cura é dos filhos e Jesus por suas feridas providenciou a cura para mim. Deus disse: Eu sei, você vai me chamar de pai. Deus estabeleceu isso. O pai ama e amava Jesus de todo o coração. Quando Jesus saiu do Rio Jordão no dia do seu batismo, o pai abriu os céus para ele e disse: Tu és meu filho amado em quem tenho prazer. E ele deu o seu filho por você. O que isso quer dizer? Uau! Entregou o seu filho por você? A Bíblia diz: Àquele que não poupou seu filho, como com ele, também não nos dará todas as coisas? Talvez não recebemos essas coisas porque tentamos conquistar o que é dado de graça, queremos pagar o que Jesus pagou e Deus não permite isso, só tem um Salvador e você precisa se colocar no lugar de salvo...

2c4c428f-1f04-4092-ab2f-ed7a8f576eccR01